AF525569

Über den Autor

Der in Mannheim geborene Historiker Hartmut Ellrich war von 2000 bis 2002 wissenschaftlicher Mitarbeiter am Lehrstuhl für Neueste Geschichte und Zeitgeschichte der Ludwig-Maximilians-Universität München. Der freiberufliche Historiker, Buchhändler und Journalist schreibt für überregionale Zeitungen und Fachorgane. Als Autor zahlreicher Publikationen zur lokalen und regionalen Geschichte Thüringens und der Kurpfalz hat er sich einen hervorragenden Namen gemacht. In seiner Freizeit engagiert er sich als Ortskurator der Deutschen Stiftung Denkmalschutz für Gotha und Gotha-Land und im Mannheimer Altertumsverein von 1859.

„Schulze-Delitzsch's Leichenzug auf der langen Brücke in Potsdam". Die eiserne Brücke war 1824/25 unter Karl Friedrich Schinkels Oberleitung entstanden. In der „Gartenlaube" wird sie zur letzten großen Bühne für den Sozialreformer, Jurist und Politiker Franz Hermann Schulze, der 1808 in Delitzsch bei Leipzig geboren wurde und 1883 in Potsdam starb. Er gehörte zu den führenden Gründervätern des deutschen Genossenschaftswesens. Der Leichenzug befand sich auf dem Weg zum Alten Friedhof in der Teltower Vorstadt.

Potsdam

zur Kaiserzeit

Eine Zeitreise in alten Fotografien

Hartmut Ellrich

Potsdam

zur Kaiserzeit

Eine Zeitreise in alten Fotografien

SUTTON ARCHiV

Kriegsschule und Denkmal Kaiser Wilhelms I. am Standort des vormaligen westlichen Teltower Torhauses. An die Stelle der eisernen Brücke trat 1886 bis 1888 ein weiter westlich gelegenes, neobarockes Bauwerk aus Klinker mit Sandsteinverblendung. Fotografie um 1905.

Einband vorn / S. 2: Blick in die Humboldtstraße mit Stadtschloss, Altem Markt und Bittschriftenlinde, um 1910.
Einband hinten: Bürgerhäuser wandelten sich um 1900 zu Wohn- und Geschäftshäusern mit Ladeneinbauten. Bis auf meist übergroße Flachtransparente fiel das Ergebnis hier noch moderat aus.
Vorsatz: Panorama von Potsdam. Blick um 1900 auf Schlachthof und Ringlokschuppen sowie Lustgarten, Stadtschloss und Nikolaikirche.
Nachsatz: Panorama von Potsdam. Blick um 1900 auf Kaiser-Wilhelm-Brücke (Lange Brücke), Heiligengeistviertel und -kirche im Hintergrund sowie Hauptbahnhof und Bahnhofsanlagen. Etwa in der Bildmitte lag der Schützenplatz.

Impressum
Sutton Verlag GmbH
Infanteriestraße 11 a
80797 München
www.suttonverlag.de

Copyright © Sutton Verlag, 2015
2. Auflage 2025
ISBN: 978-3-95400-668-7
Druck: Florjančič Tisk d.o.o. / Slowenien
Gestaltung und Herstellung: Sutton Verlag

Inhaltsverzeichnis

Bildnachweis

Album von Potsdam, Berlin o.J. [um 1900]: Umschlag, Vor- und Nachsatz, S. 4, 24, 27, 32, 47, 56, 79o, 80o, 80u, 83u, 84o, 88o; Cohn-Wiener: Potsdam mit den Königlichen Schlössern und Gärten, Berlin: S. 11o, 12u links, 20u, 22u, 23o, 23u, 25u, 26o, 25u, 35u, 37u, 44u; Die Hof- und Garnisonkirche in Potsdam, hg. v. Gemeindekirchenrat, Potsdam [1932]: S. 26u, 60o; Dohme, Robert: Barock- und Rococo-Architektur, Berlin 1886: S. 25o; Dohme, Robert: Barock- und Rococo-Architektur, Berlin 1888: S. 78; Dohme, Robert: Barock- und Rococo-Architektur, Berlin 1891: S. 10u, 59; Ellrich, Hartmut: S. IV, 8, 12o, 22o, 31u, 39u, 46o, 50u, 53o, 54o, 55u, 58o, 58u, 60u, 61o, 63o, 63u, 64o, 64u, 66o, 66u, 67o, 67u, 68o, 68u, 69o, 69u, 70o, 70u, 72o, 72u, 75o, 76o, 76u, 79u, 81, 82o, 82u, 83o, 84u, 85, 86o, 86u, 89o, 89u; Führer durch Potsdam und Umgebung in Wort und Bild, hg. v. Potsdamer Verkehrsverein, 8. Aufl., Potsdam 1910: S. 37o; Sonntagszeitung für das Deutsche Haus: Heft 39 (1907/08), S. 933: S. 55o; Sonntagszeitung für das Deutsche Haus: Heft 34 (1907/08), S. 808: S. 61u; Wikipedia: S. 20o, 53u; Zieler, Otto: Potsdam. Ein Stadtbild des 18. Jahrhunderts, Berlin 1913: S. 2, 10o, 11u, 12u rechts, 13o, 13u, 14, 15o, 15u, 16o, 16 u, 17o, 17u, 18o, 18u, 19, 28o, 28u, 29o, 29u, 30o, 30u, 31o, 34o, 34u, 35o, 36o, 36u, 38o, 38u, 39o, 40o, 40u, 41o, 41u, 42o, 42u, 43, 44o, 45, 46u, 48, 50o, 51o, 51u, 52o, 52u, 54u, 62, 73o, 73u, 74o, 74u, 75u, 87, 88u.

Literaturauswahl

Bauer, Frank u. a.: Vernichtet, vergessen, verdrängt. Militärbauten und militärische Denkmäler in Potsdam, Berlin, Bonn Herford 1993.

Eggers, Barbara: Der Kaiserbahnhof Wildpark in Potsdam, Potsdam 1999.

Ellrich, Hartmut: Potsdam – Stadtführer, Petersberg 2009.

Ders.: Potsdamer Leben zur Kaiserzeit. Eine Zeitreise in Bildern, Erfurt 2013.

Kimmel, Elke; Oesterreich, Ronald: Potsdam. Eine kurze Stadtgeschichte, Erfurt 2003.

Landeshauptstadt Potsdam (Hg.): Potsdams historische Mitte, 1. Aufl., Potsdam 2005.

Mielke, Friedrich: Potsdamer Baukunst. Das klassische Potsdam, 2. Aufl., Franfurt/M., Berlin 1991.

Potsdam: Staat, Armee, Residenz in der preußisch-deutschen Militärgeschichte, im Auftr. d. Militärgeschichtl. Forschungsamtes, hg. v. Bernhard R. Kroener, Frankfurt/M., Berlin 1993.

Potsdamer Verkehrsverein (Hg.): Illustrierter Führer durch Potsdam, 8. Aufl., Potsdam 1910.

Schönemann, Martin: Das wilhelminische Sanssouci, hg. v. d. Generaldirektion d. Staatl. Schlösser und Gärten Potsdam-Sanssouci, Potsdam 1990.

Windt, Franziska u. a.: Der Kaiser und die Macht der Medien, hg. v. d. Stiftung Preußische Schlösser und Gärten Berlin-Brandenburg, 1. Aufl., Berlin 2005.

Einleitung

„Alle Kunst in Potsdam ist Fürstenkunst, gewollte mithin, oder wenn man will künstliche Kunst. Nichts ist von selber gewachsen und entwickelt, alles musste akklimatisiert werden", bemerkte der Hamburger Kunsthistoriker und Mitbegründer der Museumspädagogik und Kunsterziehungsbewegung Alfred Lichtwark (1852–1914) 1898 in seinem Buch über „Deutsche Königsstädte" (Lichtwark, S. 53). Mit Wilhelm I., Friedrich III. und Wilhelm II. prägten gleich drei preußische Könige und deutsche Kaiser zwischen 1871 und 1918 Potsdam und sein Erscheinungsbild und dies nicht nur in architektonischer, sondern auch in politischer und ökonomischer Weise.

Uniformen bestimmten das Alltagsbild mehr als in anderen preußischen Städten. Die Industrieansiedlung war verhalten, die Gewerke und Bevölkerungsstruktur ganz und gar mit dem Hof und der Residenz verschmolzen. An überkommenen Traditionen hielt man fest. Die Garnisonstadt war im Stadtbild ablesbar: Kasernen und Denkmäler, wohin man auch blickte, am Brauhausberg thronte Schwechtens Kriegsschule, die Lange Brücke zierten Soldatenstandbilder und im Lustgarten paradierte das Militär. Doch die Stadt bot mehr, wie ein bekannter Kunsthistoriker einmal schwärmte, indem er kundtat, dass „Berlin [...] fast vor seinen Toren, das größte und schönste Museum für Kunst und Geschichte [habe]: die Residenzstadt Potsdam". Da waren die Schlösser Friedrichs des Großen und seiner Nachfolger, die man besichtigen konnte, die zahlreichen Parks und Gärten und nicht zuletzt Gebäude im Stadtbild, die an italienischen Vorbildern orientiert waren. Ende des 19. Jahrhunderts strömten massenweise Tagestouristen nach Potsdam. Seit 1900 waren es Millionen, sodass Julius Haeckel 1912 in seiner „Geschichte der Stadt Potsdam" klagte: „Für immer ist die dörfliche Stille dahin. [...] Man ist auf Berliner Massenverkehr eingerichtet, der sonntags die einst stille Potsdamer Umgebung überflutet." Daneben bot der Alltag die typischen Szenen städtischen Lebens mit den „Fischweibern" am Stadtkanal, die Markthändler am Alten Markt oder spielende Kinder am winterlich verschneiten Bassinplatz. Viele dieser Szenerien hielten die Fotografen der Kaiserzeit in Momentaufnahmen fest. Potsdam bot schon im Kaiserreich mehr Facetten als der geneigte Tagestourist bei seiner Stippvisite aufzunehmen vermochte.

Der vorliegende Band „Potsdam zur Kaiserzeit" vereint Bekanntes und Unbekanntes. In acht Kapiteln fällt der Blick auf die Stadt und ihre Bewohner, auf den Alten Markt und das Stadtschloss, ebenso auf die Lebensader Stadtkanal, auf Handel und Gewerbe, bis hin zu Militär und kaiserlichem Hof. Bildung, Wissenschaft und Forschung wurden ebenso wenig vernachlässigt wie neue Formen der Infrastruktur und Wohlfahrtspflege. Ohne die zahlreichen Bahnverbindungen, Straßen und Brücken wäre das Phänomen des aufstrebenden Tourismus nicht möglich geworden. Die Auswahl bleibt unvollständig und stellt einen Versuch dar, ein möglichst farbiges Bild Potsdams im Kaiserreich zu liefern. Zahlreiche Momentaufnahmen der Zeit um 1910 lieferte Otto Zieler mit seinem 1913 erschienenen Band „Potsdam – Ein Stadtbild des 18. Jahrhunderts". Die Zeit scheint darin stehen geblieben, und doch geben Werbeanlagen an Geschäften und Banken, Litfaßsäulen, und nicht zuletzt die Menschen vor ihren Häusern, die Passanten im alltäglichen Leben sowie die spielenden Kinder am Jägertor den Blick in eine Zeit unserer Urgroßeltern frei. Dem geneigten Leser sei die weiterführende Literatur ausdrücklich empfohlen. Bleibt am Ende der Dank an alle, die mitgeholfen haben: posthum an Otto Zieler und natürlich, allerdings noch sehr lebendig, an das Team des Sutton Verlags Erfurt!

Ohrdruf, im Juni 2015
Hartmut Ellrich

Stadtplan von Potsdam (Ausschnitt) aus der Zeit um 1900.

Rund um den Alten Markt

„Vom Bahnhofe, der elektrischen Bahn folgend, betreten wir die Lange- oder Kaiser Wilhelmbrücke." Mit diesen Worten beginnt der vom heimischen Verkehrsverein herausgegebene „Illustrierte Führer durch Potsdam" 1910 seinen Rundgang durch die Residenzstadt. Potsdam zählte damals rund 62.000 Einwohner, darunter rund zehn Prozent Militärangehörige – mehr als in jeder anderen Stadt Preußens. Ganz selbstverständlich reiste der Tourist der Kaiserzeit mit der Bahn an und gelangte im Idealfall zu Fuß, gleichsam wie heute, mit nur wenigen Schritten ins historische Zentrum. Er passierte die Lange Brücke. An die Stelle der eisernen Brücke trat 1886 bis 1888 ein weiter westlich gelegenes, neobarockes Bauwerk aus Klinker mit Sandsteinverblendung.

1895 erhielt die Brüstung je acht überlebensgroße Soldatenstandbilder aus Sandstein und Trophäengruppen aus Zinkguss vom Berliner Bildhauer und Begas-Schüler Ernst Herter (1846–1917). Der Passant kam am östlichen Torhaus des Teltower Tors vorbei, während das westliche Torhaus 1886 dem Neubau der Langen Brücke zum Opfer gefallen war. Beide standen sich symmetrisch gegenüber. Das östliche fiel erst 1958 und diente bis Ende 1909 als Verwaltungsgebäude der Stadtverwaltung, die dort die Schlachtsteuer erhob. Gegenüber fiel der Blick auf das von Ernst Herter geschaffene und am 11. April 1901 durch Kaiser Wilhelm II. eingeweihte Reiterdenkmal Kaiser Friedrich Wilhelms I. Es maß knapp sechs Meter Höhe und entstand im Auftrag des Provinzialausschusses der Provinz Brandenburg.

Hinter der Knobelsdorff'schen Havelkolonnade lud der dem Schloss zugewandte Teil des Lustgartens eher zum Exerzieren als zum Promenieren ein. Doch wurden alte Exerzierplätze wie die nördlich der einstigen Garnisonkirche gelegene Plantage im Kaiserreich auch in Grünflächen verwandelt. Den Anlass bot das 200-jährige Bestehen des Königreichs Preußen 1901. Kaiser Wilhelm II. stiftete ein Denkmal für König Friedrich II. und wies der Stadt auch den Standort in der Mitte der Plantage zu. Am 23. Mai 1901 wurde es enthüllt. Der Weg führte nun am etwas zu groß geratenen wilhelminischen Palast-Hotel und an der Bittschriftenlinde aus der Zeit Friedrichs des Großen vorbei durch die Humboldtstraße zum Alten Markt. Die Straßenbahn zwängte sich zweigleisig ebenso hindurch wie die zahlreichen Droschken und Fuhrwerke, denn der Alte Markt war das Herz des alten Potsdams. Rund 70 Jahre nach Ende des Zweiten Weltkriegs kehrt er mit dem sogenannten Humboldtquartier zurück und wird so von der Langen Brücke in seiner außerordentlichen Platzqualität mit den Leitbauten der Palazzi Pompei und Chiericati sowie des Palastes Barberini wieder erlebbar.

In Anlehnung an Palladios nicht realisierten Entwurf für den Palazzo Angarano in Vicenza schufen J. Boumann d.Ä. und C.L. Hildebrandt 1753 Am Alten Markt 1/2 den dreigeschossigen Bau des Rathauses mit seiner Fassade aus Kolossalpilastern und dem charakteristischen überkuppelten Mittelturm. Zieler hielt die Szenerie des Alten Marktes mit Knobelsdorffhaus und Palast Barberini um 1910 fest.

Eine der besten Schöpfungen Gontard'scher Bürgerhausbauten entsteht 2015 als Fassadenkopie in der Humboldtstraße 4. Für das 1777 errichtete und 1945 zerstörte Gebäude stand Palladios Palazzo Chiericati in Vicenza Pate. Ansicht um 1890.

Auch das Gebäude Humboldtstraße 3 kehrt nach der Kriegszerstörung 1945 in seiner äußeren Gestalt zurück. Es entstand 1754 durch C.L. Hildebrandt nach dem Vorbild des Palazzo Pompei von Sanmichele in Verona. Während Zieler das Gebäude um 1910 (unten) noch unverändert dokumentierte, zeigt Cohn-Wiener das Gebäude Anfang der 1920er-Jahre (oben) mit heruntergezogenen Schaufenstern.

Die 1754 von B. Giese gefertigte Turmbekrönung des kupfervergoldeten Atlas' des (heute Alten) Rathauses, der die Weltkugel trägt, erneuerten J. Ch. Wohler und F. Jury 1776/77. Der 1945 schwer beschädigte Bau erhielt einen modernen Innenausbau und wurde durch einen modernen Zwischenbau mit dem Knobelsdorff-Haus (unten rechts) verbunden. Der 1750 nach G.W. Knobelsdorffs Plänen errichtete zweieinhalbgeschossige Putzbau weist reiche Bauplastik von G. Chr. Glume, J.P. Benckert und C.J. Sartori auf.

Südostseite des Alten Marktes mit Palast Barberini und Blick auf die Gebäude Humboldtstraße 3 und 4, um 1910. Gut 70 Jahre nach ihrer Zerstörung kehren die drei Gebäude als Leitbauten ins alte Stadtzentrum zurück. 1912 erwarb die Stadt Potsdam den nach römischem Vorbild 1771/72 durch Gontard errichteten Palast für 350.000 Mark. Der Magistratsbeschluss von 1916 sah die Verlegung der allgemeinen Verwaltung in den Palast Barberini vor.

Vornehm präsentierte sich hingegen der Innenhof des Palais Barberini am Alten Markt. Seit König Friedrich Wilhelm IV. waren hier Vereine untergebracht, etwa die Philharmonische Gesellschaft oder der Literarische Verein. Die hofseitigen Flügelbauten entstanden im 19. Jahrhundert durch Persius und Hesse. Um 1900.

Der Alte Markt mit Knobelsdorffs über 16 Meter hohem Marmor-Obelisken von 1753/1755. Bis zur Demontage 1969 zierten ihn die Porträts des Großen Kurfürsten und der Könige Friedrich I., Friedrich Wilhelm I. und Friedrich II. Im Hintergrund ist der Giebel des Hotels „Zum Einsiedler" Schloss-Straße/ Ecke Hohewegstraße zu sehen. Besitzer Hermann Specht ließ es 1910 renovieren.

Alter Markt mit dem Fortunaportal des Stadtschlosses, Blick in die Schlossstraße und auf den Obelisken, um 1910. Beim Wiederaufbau des Obelisken 1978/79 ersetzte man die kostbaren Herrscherporträts durch Darstellungen Knobelsdorffs, Gontards, Schinkels und Persius'. Ihre Porträts blieben auch bei der Sanierung 2014 erhalten.

Alter Markt mit Kaiserstraße, Nikolaikirche, Obelisk, Blick zur Straße Am Kanal und (Altem) Rathaus, um 1910. Von den vier bronzenen Kirchenglocken der Nikolaikirche fielen 1917 drei dem Ersten Weltkrieg zum Opfer und wurden erst 1922 durch Gussstahlgocken ersetzt.

Blick in die Schwertfegerstraße in Richtung Neuer Markt – im Vordergrund die Kreuzung Hohewegstraße (heute Friedrich-Ebert-Straße) mit den ehedem acht Ecken. Die vier Bürgerhäuser mit ihren konkav geschwungenen Ecklösungen waren zwischen 1771 und 1773 entstanden und erinnerten an die Gestaltung der „Quattro Fontane“ in Rom.

Schwertfegerstraße 1/Ecke Kaiserstraße, um 1910. Die Kaiserstraße verband die Straße Am Kanal mit dem Alten Markt und endete an der Schwertfegerstraße – hinter der Nikolaikirche. 1910 führten alle vier Straßenbahnlinien über den Alten Markt, durch die Kaiserstraße und über die Kaiserbrücke zum Wilhelmplatz (heute Platz der Einheit).

Scharrenstraße 1/Ecke Kriewitzstraße, um 1910. Die Scharrenstraße verband den Alten Markt mit dem Blücherplatz. Das heute verschwundene Gebäude befand sich schräg hinter dem (Alten) Rathaus an der nordöstlichen Platzkante des Blücherplatzes und war 1771 nach einem Entwurf G.Ch. Ungers entstanden.

Zum alten Potsdam gehörte der zwischen Altem Markt und Heilig-Geist-Kirche gelegene und nach dem Generalfeldmarschall der Napoleonischen Befreiungskriege Gebhard Leberecht v. Blücher (1742–1819) benannte Blücherplatz. Hier trafen fünf Straßen aufeinander, die den vormaligen Kleinen Marktplatz bzw. Ziegenmarkt umsäumten.

Häuserzeile der Berliner Straße 6–9, um 1910. Der Teil der Berliner Straße vom Blücherplatz bis zur Straße Am Kanal fiel nach 1945 der sozialistischen Stadtbauplanung zum Opfer, die das gewachsene Straßennetz des Heiligengeistviertels weitestgehend überbaute.

Heiliggeiststraße und Turm der Heilig-Geist-Kirche, um 1910. Das Gotteshaus diente als Simultankirche Reformierten und Lutheranern, die sich 1876 zusammengeschlossen hatten. 1907/08 wurde das Kircheninnere des Barockbaues erneuert.

Blick von der Burgstraße auf die Heilig-Geist-Kirche, um 1910. Das Heiligengeistviertel gehörte zu den schönsten Stadtvierteln Potsdams, denn hier war die Stadt bis zur Zerstörung 1945 in ihrer geschlossensten Form erhalten. 1974 wurde der Torso des Kirchturms gesprengt.

Blick im Jahr 1895 auf das Berliner Tor. Im Folgejahr riss man die seitlich angrenzenden Torhäuser aus Verkehrsgründen ab. 1901 wurde das Tor dann rund 15 Meter stadteinwärts versetzt. Boumann d.Ä. hatte es 1752 als repräsentativen Stadteingang in Gestalt eines Triumphbogens errichtet.

Das Berliner Tor, um 1910. Zieler bildete bereits den neuen Standort ab. Im Sommer 1951 wurde das kriegsbeschädigte Berliner Tor abgebrochen. Wieder wurden verkehrspolitische Gründe genannt. Außerdem schätzte man den wertvollen Bau Boumanns d.Ä. zeittypisch als „künstlerisch unbedeutend“ ein.

Stadtschloss, Lustgarten und Breite Straße

Mit dem 2014 vollendeten Wiederaufbau als Landtagsschloss kehrte das Potsdamer Stadtschloss ins Stadtbild zurück. Doch der Bau mit der rekonstruierten Fassade verrät seit 2013 an seiner Westseite unweit des Steubenplatzes: „Ceci n'est pas un château" („Dies ist kein Schloss") – eine Idee von Künstlerin Annette Paul. 2010 hatten die Arbeiten zum Neubau Peter Kulkas begonnen. Bereits 2000 bis 2002 war auf Initiative des in Potsdam lebenden Fernsehmoderators Günther Jauch das Fortunaportal als Rekonstruktion neu erstanden. Den Ursprungsbau hatte Jean de Bodts 1701 anlässlich der Königskrönung Friedrichs I. errichtetet.

Der Komplex des Stadtschlosses gehörte zu den Hauptwerken des preußischen Barock und entstand in mehreren Etappen auf den Grundmauern einer mittelalterlichen, im 15./16. Jh. veränderten Burg am Übergang der Havel. Friedrich Wilhelm ließ 1664 bis 1670 einen vierflügeligen Neubau im Stil holländischer Barockschlösser errichten, zu dem bereits ein Lustgarten gehörte. Weitere Ergänzungen unter Memhardt, Smids und Nering verliehen dem Bau seine spätere Form. Friedrich II. ließ 1744 bis 1752 durch Knobelsdorff vor allem Fassaden erneuern und Kolonnaden hinzufügen und schuf das Bild von der Residenz, das bis 1945 erhalten blieb. Trotz der Erneuerung der Innenräume unter Friederich II. bewahrte der Marmorsaal die zwischen 1694 und 1706 geschaffene Dekoration A. Schlüters. Friedrich ließ den zentralen Festsaal 1749/52 zur Ruhmeshalle des Großen Kurfürsten umwidmen. Von den drei Kaisern Wilhelm I., Friedrich III. und Wilhelm II. wurde das Stadtschloss nur als Absteigequartier bei Paraden genutzt. Alle drei logierten in den sogenannten Papierkammern, Kaiserin Augusta in den 1880er-Jahren tageweise in den den Papierkammern vorgelagerten Neuen Kammern. Nach 1888 nutze auch Kaiserin Auguste Victoria tageweise diese Räume.

Der Lustgarten ist Potsdams älteste Gartenanlage. Gegenwärtig (noch) durch das Hotel verdeckt, stand sie bis 1945 in engem Bezug zum Stadtschloss. Bereits 1589 wurden „zwei angerichte Gertelein im Schlosse" erwähnt, doch erst mit dem Bau des barocken Schlosses entstand nach 1664 ein mit Statuen geschmückter Garten, dessen Beete von Buchs eingefasst waren. Zwischen 1704 und 1709 ließ Friedrich I. das damals zur Havel noch offene Bassin errichten, das unter Friedrich II. zum Neptunbassin umgestaltet wurde. Im Bereich der Breiten Straße prägte nach 1713 ein großer Sandplatz das Bild. Mit der Ringerkolonnade und der Havelkolonnade schloss Friedrich II. den Schlossbezirk architektonisch ab. Der zur BUGA 2001 neu angelegte Lustgarten vereint heute historische Elemente (Stadtplatz Breite Straße, Neptunbassin) und lehnt sich an P.J. Lennés Planung von 1819 bis 1830 an. Das direkte Schlossumfeld des Lustgartens diente als Paradeplatz. Im Kaiserreich war der Lustgarten beliebtes Ziel der Potsdamer, denn hier fanden sonntags Musik- und Wachparaden statt. Am Pfingstsonntag eines jeden Jahres nahm der Kaiser hier die Frühjahrsparade der in Potsdam stationierten Einheiten ab, die zu den glanzvollen Ereignissen der Residenzstadt gehörte.

Blick zur Havelkolonnade, um 1910. – „Die Kolonnade an der Brücke, 20 korinthische Säulen, bildet die Vermittlung zum Ufergelände. Zwischen den Säulen stehen 4 Flußgöttergruppen aus Sandstein, weiterhin auf der Uferbrüstung 4 Metallvasen" ist die nüchterne Erklärung im zeitgenössischen „Illustrierten Führer".

Havelkolonnade und Stadtschloss, um 1918. Die zauberhafte Architektur Knobelsdorffs trennte bis zur Zerstörung 1945 den öffentlichen vom höfischen Bereich. Das Schloss konnte man bereits 1910 besichtigen: im Sommer täglich von 10 bis 18 Uhr und im Winter von 10 bis 16 Uhr, sonn- und feiertags jeweils erst ab 11 Uhr.

Zur Stadtseite (Schlossstraße) hin befand sich die Ringerkolonnade als Verbindung zwischen Stadtschloss und Marstall. In Hintergrund des um 1918 entstandenen Fotos fällt der Blick auf die Fahnentreppe, die als Zitat am Landtagsschloss wiedererstand. Ursprünglich verband sie die Wohnung König Friedrich Wilhelms I. mit dem Lustgarten.

Ringerkolonnade und Marstall, um 1910. Die Figuren der Ringer von Georg Franz Ebenhech, August Nahl und Friedrich Christian Glume entstanden 1746 und gehörten zu den besten Leistungen der Potsdamer Bildhauerkunst. Schlossbezirk und Lustgarten bildeten bis 1945 eine organisch-harmonische Einheit.

Ehrenhof und Fortunaportal des Stadtschlosses, um 1910. Bis in die 1930er-Jahre waren weite Teile des Ehrenhofs begrünt, darunter auch die Wohnung des Schlosskastellans im östlichen Ehrenhofpavillon. Als Prinz schlug Wilhelm (II.) 1887 im Obergeschoss des westlichen Flügelbaues sein Winterquartier auf.

Blick in den Bronzesaal des Stadtschlosses, 1890. Der Raum befand sich westlich des Marmorsaals und erhielt seine Gestalt unter König Friedrich II. Die Arbeiten nach Entwürfen Knobelsdorffs fertigten J.A. Nahl und die Brüder J.M., J. Ch. Hoppenhaupt zeichnet für erlesene Innendekorationen verantwortlich, die das friderizianische Rokoko prägten.

Das Schlaf- und Arbeitszimmer Friedrichs II., um 1918. Der von J.A. Nahl ausgestaltete Raum zählte zu den prachtvollsten Räumen des Stadtschlosses. Der „Illustrierte Führer" von 1910 bemerkte schlicht: „Alkoven mit Handbücherei. Durch diesen Alkoven konnte sich Friedrich zurückziehen in das sogenannte Konfidenztafelzimmer." Der Clou dort: ein Tischlein-Deck-Dich des 18. Jahrhunderts.

Blick von Südwesten auf Lustgarten und Stadtschloss, um 1918. Der Individualverkehr führte von der Kaiser-Wilhelm-Brücke (Lange Brücke) über die Humboldtstraße zum Alten Markt. Im begrünten Teil des Lustgartens fand sich seit König Friedrich Wilhelm III. eine Aufstellung von Geschützen, das älteste von 1680, das jüngste von 1865.

Zum Skulpturenschmuck des Lustgartens gehörte das Denkmal des Soldatenkönigs Friedrich Wilhelm I. Es wurde am 18. August 1885 durch Kaiser Wilhelm I. anlässlich des Ehrentags des Ersten Garderegiments zu Fuß enthüllt. Den Entwurf lieferte Bildhauer und Kunstmaler Carl Hilgers (1818–1890).

Gartenfront des Stadtschlosses mit Karpfen- oder Neptunteich des Lustgartens, um 1890. Die Stelen um den Teich trugen die Büsten der Helden aus den Befreiungskriegen, darunter die Büste des Fürsten Blücher. Wohl 1886 wurden die das Becken rahmenden Säulenpappeln durch Säuleneichen ersetzt.

Breite Straße mit Hiller-Brandt'schen Häusern (links), Neustädter Tor (Hintergrund) und Großem Militärwaisenhaus (rechts), um 1910. Besonders unter Friedrich dem Großen entwickelte sich die Breite Straße zur Prachtstraße der Residenzstadt, gefördert und finanziert aus der Immediatsbaukasse und vielfach den neuen Besitzern geschenkt. Die Entwürfe und Realisierungen oblagen mit Boumann, Büring, Knobelsdorff und Unger den namhaftesten Vertretern ihrer Zeit.

Auf eine Initiative Friedrichs II. gehen die bereits 1748 entstandenen Kopfbauten zu beiden Seiten der Breiten Straße zurück, die den torartigen Eingang zur Breiten Straße bilden. Die Straße selbst hatte D. de Langelaer 1668 als Allee angelegt und auf den Ehrenpfortenberg bei Golm ausgerichtet. Blick vom Lustgarten, um 1910.

In Höhe der Einmündung der Kiezstraße in die Breite Straße befand sich ursprünglich das Neustädter Tor. Die Straße dahinter mündete als Sackgasse in die Neustädter Havelbucht. Im Sommer 1903 wurde das Tor mit seinen beiden Marmorobelisken komplett erneuert.

Blick von der Breiten Straße zum Ensemble Schlossstraße 9–11, um 1910. Zu den überraschenden Details gehört die Litfaßsäule an der Ecke zur Breiten Straße, ansonsten könnte man meinen, dass die Zeit seit Friedrich II. stehen geblieben sei.

Bei den Häusern Schlossstraße 9–11 scheint man auf ein großzügiges Stadtpalais zu blicken, dabei verbergen sich hinter den Fassaden einzelne Bürgerhäuser. Im Eckhaus Nummer 9a befand sich um 1910 das Restaurant „Zum goldenen Becher".

Zum unmittelbaren Schloss- und Lustgartenumfeld gehörte auch die Mammonstraße (heute Werner-Seelenbinder-Straße), die Zieler um 1910 mit Blick zum Kopfbau des Marstalls festhielt. Im Vordergrund links lag im Haus Nr. 2 das Gartenrestaurant „Fürst Bismarck", das mit seiner Kegelbahn um zusätzliche Gäste warb. – „1844 Stammlokal und Wohnhaus des Fürsten Bismarck" vermerkt der Reiseführer.

Zu den schönsten Stadtplätzen gehört bis heute der Neue Markt mit dem Kutschstall und dem Waaghäuschen von 1836 (ehedem Königliche Mehl- und Kornwaage), das von 1875 an als städtische Ratswaage genutzt wurde.

„Die Gartenlaube" informierte ihre Leserinnen und Leser 1871 über „das Geburtshaus Friedrich Wilhelm's des Dritten in Potsdam". Der Stadtführer ergänzte zum Kabinettshaus, dass es „in neuester Zeit [...] als Wohnung der Kaisersöhne [diente]."

Denkmal Friedrichs des Großen in der Plantage, um 1910. Der Entwurf von Joseph Uphues (1850–1911) orientierte sich an einem Modell der Berliner Siegesallee im Tiergarten. Hier geht der Blick zur ehemaligen Waisenbrücke Ecke Waisenstraße/Am Kanal (Dortu- / Yorckstraße). Das Denkmal wurde am 23. Mai 1901 als Geschenk des Kaisers enthüllt.

Streifzüge durchs alte Potsdam: Zu beiden Seiten des Stadtkanals

Der unter König Friedrich Wilhelm I. nach holländischem Vorbild ab 1722 angelegte Potsdamer Stadtkanal genoss stadtbildprägenden Charakter. Er entstand an Stelle des alten kurfürstlichen Grabens des 17. Jahrhunderts und sicherte die Entwässerung des Baugrundes. Unter König Friedrich II. erhielt der Kanal ab 1756 Einfassungen und Brücken aus Sandstein sowie schmiede-, später gusseiserne Geländer. Der Kanal verschlammte jedoch sehr schnell und musste, um üble Gerüche zu vermeiden, öfter ausgebaggert werden.

Bis in die 1960er-Jahre hinein wurden auch die Abwässer der an den Kanal angrenzenden Gebäude in den Stadtkanal geleitet. Das war zur Jahrhundertwende nicht viel anders. 1890 etwa stellte der Königliche Wasserbauinspektor Habermann fest, dass sich Abwässer aus 95 städtischen und privaten Kanälen im Stadtkanal wiederfanden. Die Stimmen gingen weit auseinander: üble Gerüche, Rattenplage hier, Zuschüttung, Schmuckanlage dort und dann noch die Bewahrer des gewachsenen Stadtbildes, die im Stadtkanal zu Recht ein Stück Potsdamer Identität sahen. Bei einer möglichen Zuschüttung des Kanals befürchtete man bereits in der Kaiserzeit Schäden durch aufsteigendes Grundwasser an den umliegenden Gebäuden. Auch die hohen Kosten wurden angeführt, und so blieb alles beim Alten: Ausbaggerungen verbunden mit baulichen Verbesserungen.

Seit dem 19. Jahrhundert diente der Kanal auch als Verkaufsfläche des Fischmarktes, der sich in den 1830er-Jahren von der Langen Brücke an die Südseite des Wilhelmplatzes verlagerte. Die Ordnung war streng und verlangte von den Fischern, dass sie erst am Markttag selbst ihre Stände und Fässer am Wilhelmplatz aufstellten, um das Erscheinungsbild der Residenzstadt in diesem Bereich nicht zu beeinträchtigen. Ein Fischhändler wollte z.B. 1882 eine Treppe zu seinem Kahn anlegen und wurde damit angewiesen. Die Szenerie des Fischmarktes ist vielfach auf alten Ansichtskarten abgebildet worden und hat zum Bild des Stadtkanals und seinem geschäftigen Treiben beigetragen. Noch in den 1950er-Jahren wurde der teilzerstörte Kanal instandgesetzt und ausgebaggert. Doch in den 1960er-Jahren war sein Los besiegelt: Die Zuschüttungsarbeiten begannen – und endeten in den 1970er-Jahren. Erst zur Bundesgartenschau 2001 konnte entlang der Yorckstraße ein erstes, rund 130 Meter langes Teilstück mit Unterstützung eines eigens gegründeten Fördervereins wiederhergestellt werden. Bis 2016 entsteht als privates Bauvorhaben die kriegszerstörte Kellertorwache neu. Nebenan konnte zwischen 2009 und 2011 ein zweites Teilstück des Stadtkanals erneut mit der Havel verbunden werden.

Kellertorwache, um 1910. Das markante Gebäude am einstigen Kellertor entstand 1788 vermutlich nach Plänen A.L. Krügers. Bis zu seiner Zerstörung 1945 war es das einzig verbliebene Wassertorhaus der Stadt. An der Südseite der Kanalmündung befand sich um 1900 die beliebte Türk'sche Badeanstalt.

Von der alten Bebauung blieb das Haus Am Kanal 4a (Foto um 1900) erhalten. Es entstand 1724 im Rahmen der ersten Stadterweiterung. Im Hintergrund fällt der Blick auf das Offizierskasino der Gardes du Corps Am Kanal 3.

Wohnhaus Am Kanal 7, um 1900. Hier lebte einst Henri de Catt (1725–1795), der Vorleser Friedrichs des Großen. Der Schriftsteller Eberhard Cyran (1914–1998) widmete de Catt den 1981 erstmals erschienenen Band „Der König“. Auch dieses Haus ist bis heute erhalten.

Offizierskasino Am Kanal 3, um 1910. Letzter Kommandeur der berittenen Leibgarde der preußischen Könige wurde 1913 Friedrich Graf von der Schulenburg (1865–1939), den Kaiser Wilhelm II. gleichzeitig zu seinem Flügeladjutanten ernannte.

Das königliche Schauspielhaus Am Kanal, hier um 1910, stand immer im Schatten der Berliner Bühnen. 1911/12 stand es unter der Leitung des Schauspielers, Dramatikers und Regisseurs Axel Delmar (1867–1929), Gründer der Potsdamer Heimatspiele.

Wohnhaus Am Kanal 65, um 1910. Das Gelände stieg hier zur Berliner Brücke hin an.

Eisenhart-Denkmal neben dem Schauspielhaus, um 1910. Der Potsdamer Kaufmann August F. Eisenhart (1773–1846) unterstützte zu Lebzeiten Bedürftige, wie die Schüler der Großen Stadtschule, durch Stipendien und das Türk'sche Waisenhaus in Klein-Glienicke. Nach seinem Tod erbte die Stadt Potsdam die Hälfte des Vermögens Eisenharts für wohltätige Zwecke: 193.000 Taler. Zum Dank weihte die Stadt am 5. Oktober 1909 das Denkmal in der Nähe von Eisenharts einstigem Wohnhaus Berliner Straße 3 ein.

Die Grüne Brücke (Foto um 1918) verband die nicht mehr bestehende Grünstraße des Heiligengeistviertels mit der jenseits des Stadtkanals liegenden Französischen Straße. Das charakteristische Geländer in rotem Ziegelsteinmauerwerk entstand beim Brückenneubau 1837. Die Brücke war 1965 noch in Benutzung.

Französische Straße und gleichnamige Kirche, um 1907. In den 1880er-Jahren erhielt das Gotteshaus eine neue Innengestaltung. 1917 wurden 75 Pfeifen für die Rüstungsindustrie des Ersten Weltkrieges ausgebaut.

Das 1756 entstandene, heute verschwundene Gebäude Am Kanal 41 an der einstigen Südseite des Wilhelmplatzes war dem „Führer durch Potsdam“ 1910 eine Erwähnung wert, zeigte es doch „eine Fassade von Friedrich II., die als Probefassade für das Neue Palais auf den ersten Blick erkennbar“ war.

Das charakteristische Eckhaus Nauener Straße 35/36 (heute Friedrich-Ebert-Straße) schuf 1748 vermutlich Georg Christian Unger (1743–1799). Die für die Jahrhundertwende typischen Ladeneinbauten mit ihren Markisen und heruntergezogenen Eingängen glückten in seltener Harmonie für Bauwerk und neue gewerbliche Nutzung.

Stadtkanal mit Blick auf die Plantage entlang der Waisen- und heutigen Dortustraße, um 1900.

Eine Momentaufnahme lieferte Zieler 1910 mit dem Blick in die Spornstraße (Verbindung zwischen Lindenstraße und Waisenstraße, heute Dortustraße). Die Straße entstand als Teil der ersten barocken Stadterweiterung 1722. Heute stehen Häuser und Pflasterung unter Denkmalschutz.

Heinrich Ludwig Mangers (1728–1790) Breite Brücke von 1765 gehörte mit ihren sechs Figurengruppen der Gebrüder Räntz (als Laternenträger) zu den prächtigsten.

Großes Militärwaisenhaus – Fassade zur Breiten Straße mit Breiter Brücke (rechts), um 1910. Der Bau entstand unter Gontards Leitung 1772–1780. Die militärischen Strukturen prägten den Alltag der Kinder: darunter ein Knabenbataillon aus vier Kompanien zu jeweils 150 Kindern zwischen neun und 14 Jahren, ein Kinderhaus mit 80 Kindern zwischen sechs und neun sowie eine Militärschule mit 90 Plätzen für 14 ½- bis 18-Jährige.

Blick um 1918 zur Breiten Straße mit Ochsenkopfhaus, Stadtkanal und Breiter Brücke. Die Plastiken der Brücke stellten Prätorianer, also Soldaten der Leibgarde der römischen Kaiser, dar. Das Militär schien allgegenwärtig.

Blick in die Waisenstraße südlich der Breiten Straße, um 1910. Die Dreihäusergruppe Nummer 42/43 entstand 1781. Bedingt durch den Stadtkanal und die nahe Havel lagen die Keller sehr viel höher als andernorts, sodass seitlich vor die Fassade gelegte Außentreppen die Erdgeschosse erschließen.

Blick in die Kiezstraße, um 1910. Hier und im Viertel drum herum lebten durch die Nähe zur Havel viele Fischer, die mit dem aufkommenden Tourismus mit Bankenkähnen oder Gondeln Nebeneinnahmen erzielten. Eine Polizeiverordnung von 1859/72 regelte den Transport. Haus Nr. 4 birgt das traditionsreiche Lokal „Froschkasten", dessen Name auf die Tradition der Fischer Bezug nimmt.

Hinter der einheitlichen Fassaden C. v. Gontards verbargen sich sechs Bürgerhäuser, die bis 1945 die Platznordseite des Wilhelmplatzes (Häuser 15–20, heute Platz der Einheit) bestimmten. Die Balkons und Ladeneinbauten entstanden erst 1898 und 1907 und trübten das einheitliche Erscheinungsbild.

Das gleichfalls kriegszerstörte Gebäude Am Bassin 52–54, ebenfalls von C. v. Gontard nach dem römischen Vorbild des Palazzo Salviati errichtete Gebäude diente seit Endes des 19. Jahrhunderts als katholisches Pfarrhaus von St. Peter und Paul.

Werbeanlagen der Kaiserzeit: die von Carl von Gontard (1731–1791) entworfenen dreigeschossigen Gebäude im Holländischen Viertel Ecke Charlottenstraße / Am Bassin, um 1918.

Häuserzeile Am Bassin 7/12, um 1900. Die in rotem Backstein errichteten Gebäude erhielten Sandsteingliederungen. 1972 wurden Stimmen laut, die den Abriss des Holländischen Viertels forderten.

Das neugotische Nauener Tor von 1745/55 zählt zu den frühesten neugotischen Architekturen des europäischen Kontinents. Die Zinnenkränze der Türme sowie der stilistisch angepasste Tordurchgang entstanden 1867 bis 1869. Der Fotograf hielt es 1890 in einem der seinerzeit sehr beliebten Stereobilder fest, mit denen man einen 3D-Effekt erzielen konnte.

Das Jägertor mit Blick in die Lindenstraße, um 1910. Erst 1907 waren die umgebenden Torbauten für Wache und Akzisenehmer (Zoll) abgerissen worden.

Bereits 1891 waren die schlichten Wach- und Zollhäuschen am Brandenburger Tor (Ansicht um 1910) verschwunden. 1770 war das repräsentative Tor als Abschluss der zweiten Stadterweiterung nach Plänen Carl von Gontards und Georg Christian Ungers entstanden.

Äußerlich spürt man kaum Veränderungen an Boumanns (Altem) Rathaus, doch erfolgten zwischen 1875 und 1888 Um- und Ausbauten im Inneren, etwa der Attika, und eine Erneuerung der Fassade. Kaum 20 Jahre später wurde die Fassade erneut instand gesetzt und der bekrönende Atlant vergoldet. Foto um 1910.

Kirche, Verwaltung, Wissenschaft und Forschung

An herrschaftlicher Architektur bestand in der alten Residenzstadt Potsdam kein Mangel. Das galt nicht zuletzt auch für den repräsentativen staatlichen und kommunalen Verwaltungs-, Kirchen und Schulhausbau im Zentrum und den späteren Vororten. Einen Rathausneubau aus der Kaiserzeit sucht man indes vergeblich, obgleich das Gebäude am Alten Markt nach 1871 aus allen Nähten platzte. So wurde 1896 für die Sparkasse erweitert, 1898 das angrenzende Gebäude Am Alten Markt 1 für die Stadtverwaltung teilweise umgebaut. Den Planungen der Jahre 1905 bis 1910 zum Neubau eines Rathauses folgte 1913 ein Wettbewerb zur Erweiterung des bestehenden Altbaues. Statt neu zu bauen wurden das 1912 angekaufte Palais Barberini ab 1916 von der Stadt Potsdam genutzt und die gewachsene Stadtstruktur an ihrer sensibelsten Stelle gewahrt.

Nicht nur Monarchen wie Friedrich II. wachten mit Argusaugen über Potsdams Stadtgestalt. Die Eingriffe reichten bis zu Kaiser Wilhelm II., der beispielsweise den Vorentwurf zum einstigen Regierungsgebäude und heutigen Stadthaus (Friedrich-Ebert-Straße 79-81) eigenhändig änderte und genehmigte. Kronprinzessin Victoria, der Ehefrau des nachmaligen Kaisers Friedrich III. sollen die beiden überlebensgroßen Statuen von König Friedrich II. und Kaiser Wilhelm I. am ehemaligen Landgericht (heute Amtsgericht) in der Hegelallee zu verdanken sein. Damit nicht genug: die Frieszone über der ersten Etage erhielt weitere herrschaftliche Symbole in Gestalt von Büsten der Herrscher des Hauses Hohenzollern.

Zwischen 1871 und 1914 entwickelte sich Potsdam mehr und mehr zum Hort der Wissenschaften, der sich vor allem mit zwei Namen verbindet: Adolf Slaby und Hermann von Helmholtz. Von 1873 bis 1882 wirkte Adolf Slaby (1848–1913) an der alten, kriegszerstörten Oberrealschule Am Kanal als Lehrer für Mathematik und Mechanik. Gemeinsam mit seinem Assistenten Georg Graf von Arco (1869–1940) experimentierte er auf dem Gebiet der drahtlosen Telegrafie zwischen der Matrosenstation Kongsnaes und dem Turm der Heilandskirche in Sacrow. Die erste drahtlose Telegrafie-Sendung gelang am 27. August 1897 über eine Distanz von 1,6 Kilometern. 1875 begann auf dem Telegraphenberg – einem der seinerzeit international bemerkenswertesten Komplexe der Wissenschaften – der Bau des mehrfach erweiterten Astrophysikalischen Observatoriums. Weitere Einrichtungen wie das Meteorologisch-Magnetische Observatorium (1888/90) und das Geodätische Institut (1889/92) folgten. Hermann von Helmholtz (1821–1894) gehörte zu den führenden deutschen Naturwissenschaftlern in der zweiten Hälfte des 19. Jahrhunderts. Gemeinsam mit Werner von Siemens hatte er 1888 die Physikalisch-Technische Reichsanstalt gegründet und stand ihr als Präsident bis zu seinem Tode vor. 1891 wurde er Ehrenbürger seiner Vaterstadt Potsdam.

Blick um 1900 auf die Heiligengeistkirche und die Alte Fahrt. Ein Fischerboot erinnert an die Burgfischer im Burg- oder Heiligengeistviertel. 1974 verschwand der barocke Turmstumpf aus dem Stadtbild.

Blick auf das Oberpostdirektionsgebäude mit dem kaiserlichen Hauptpost-, Telegrafen- und Fernsprechamt an der südlichen Ecke des Wilhelmplatzes (Platz der Einheit), um 1910. Am 10. März 1900 wurde der 1894 begonnene, stattliche Neobarockbau von Kaiser Wilhelm II. persönlich eingeweiht. Das Innere der Schalterhalle zierten Fresken mit Darstellungen der Potsdamer Schlösser sowie Havelansichten.

Alter Markt – Inneres der Nikolaikirche, um 1913. In den Jahren 1912/13 wurde das von Stüler und Cornelius geschaffene spätromantische Raumbild eingreifend erneuert. Sowohl die klischeehafte Konzeption, als auch die kalte Pracht kamen dem offiziellen Geschmack der wilhelminischen Epoche sehr entgegen.

Das Predigerhaus der Nikolaikirche Am Alten Markt 4 (Ansicht um 1910) ist heute vollständig aus dem Stadtbild verschwunden. Das 1752 von G.W. v. Knobelsdorff errichtete Gebäude diente als Prediger- und Schulhaus der Nikolaigemeinde.

Oberpräsidium in der ehemaligen Kommandantur mit Lustgarten und Lustgartenmauer an der Priesterstraße (Henning-von-Tresckow-Straße), um 1910.

Das palaisartige Haus Brockes Am Kanal (heute: Yorckstraße 19/20) entstand 1776 nach Plänen von K. Ph. v. Gontard nach dem Vorbild des Berliner Marstalls. 1817 zog hier die preußische Oberrechnungskammer ein. Sie nutzte im Kaiserreich auch die Gebäude Am Kanal 29 und 32 und Mammonstraße 5. 1907 kam der neobarocke Bau in der Waisenstraße (heute Dortustraße) hinzu.

Die Kuppel erinnert nicht von ungefähr ans herrschaftliche Schloss Charlottenburg: das neobarocke Gebäude der königlichen Regierung (heute: Stadthaus) an der Nauener Straße (Friedrich-Ebert-Straße 79–81), um 1910. Es entstand 1902 bis 1907 als wuchtiger, 105 Meter breiter und 130 Meter tiefer Verwaltungsbau mit Wohnung des Regierungspräsidenten und Stallgebäude.

Das Königliche Landgericht (heute Amtsgericht) an der Kaiser-Wilhelm-Straße (Hegelallee 8), um 1915. Der Kernbau entstand 1880 bis 1883.

Gebäude der Deutschen Lebens-, Pensions- und Rentenversicherungsgesellschaft von Heino Schmieden (1854–1913) am Nauener Tor, um 1900. Der Neorenaissancebau von 1886/87 dient heute als Landgericht.

Zur Großen Stadtschule vermerkt der „Illustrierte Führer“ kurz: „Die von Friedrich Wilhelm I. gegründete ‚Große Schule‘, später Gymnasium, jetzt Gemeindeschule IV.“ Weit ausführlicher fiel die Beschreibung der Leckereien im nahegelegenen „Café Rabien“ (heute Heider) aus.

Die Königl. Handels- und Gewerbeschule für Mädchen in der Neuen Königstraße (Berliner Straße) der Berliner Vorstadt wurde im Stadtführer von 1910 als „Musteranstalt“ und „einzig in ihrer Art“ gepriesen. Der Komplex war 1906 bis 1908 entstanden. Initiiert hatte ihn Johanna Just (1862–1929), zugleich erste Leiterin der Schule. Foto 1908.

Astrofotografischer Refraktor der Sternwarte auf dem Telegrafenberg, um 1905. Der große Refraktor (Linsenfernrohr) wurde 1899 in einem eigens errichteten Kuppelgebäude aufgestellt und durch Kaiser Wilhelm II. als Hauptteleskop des Astrophysikalischen Observatoriums persönlich eingeweiht.

Blick stadtauswärts auf die Hof- und Garnisonkirche und die Breite Straße, um 1900. Der markante, 88,4 Meter hohe Turm bestimmte bis zu seiner Sprengung 1968 die Silhouette der Stadt.

Das (allgegenwärtige) Militär

Am 13. Juni 1871 zog der frisch gewählte deutsche Kaiser Wilhelm I. an der Spitze der Potsdamer Garnison in Potsdam ein. Am 18. Januar war der 73-jährige preußische Monarch im Spiegelsaal von Versailles zum deutschen Kaiser proklamiert worden. Er trug die Uniform des 1. Garde-Regiments zu Fuß. Sowohl das politische, wie auch das ökonomische Wachstum hatten Preußen die Vormachtstellung im neuen Deutschen Reich gesichert. Von 450.000 Quadratkilometern entfielen allein 348.700 auf Preußen, das 24,5 von 41 Millionen Untertanen umfasste. Unter der Herrschaft Wilhelms I. und seiner beiden Nachfolger Friedrich III. und Wilhelm II. wuchs Potsdams Einwohnerzahl zwischen 1871 und 1914 von 42.000 auf über 60.000 Menschen, wobei der Anteil der Militärs mit durchschnittlich zehn bis zwölf Prozent im Vergleich zu den anderen preußischen Städten höher war. Als engagierter Militär prägte Wilhelm I. das Antlitz Potsdams seit den 1860er-Jahren durch Um- und Neubauten von Kasernenanlagen, die bis zur Jahrhundertwende die Gestalt der wachsenden Vorstädte bestimmten. Dazu gehörten der Bau der Ulanenkaserne in der Jägerallee ebenso wie die Erweiterung der Unteroffiziersschule oder der Kriegsschule auf dem Brauhausberg.

Erst 1878 verließen die letzten Soldaten des 2. Grenadier-Bataillons des 1. Garde-Regiments zu Fuß die Bürgerquartiere im Holländischen Viertel und rückten in ihre teils neu errichtete Kaserne am Kiez ein und in die verlassene Gewehrfabrik hinter der Breiten Straße ein. Die Bauarbeiten konnten erst 1885 abgeschlossen werden. 1889/90 kamen das 2. und 4. Garde-Feldartillerie-Regiment nach Potsdam. Uniformen bestimmten das Stadtbild, erst recht an den Jahrestagen der großen Schlachten oder an Kaisers Geburtstag. Besonders prächtig fiel die Frühjahrsparade aus. Der staubige Teil des Lustgartens bot als großer Exerzierplatz dafür den passenden Rahmen. Geübt wurde vor den Toren der Stadt, etwa in der Döberitzer Heide oder auf dem Bornstedter Feld, in etwa dort, wo Orville Wright (1871–1948) 1909 mit einem motorisierten Aeroplan seine ersten Flugversuche unternommen hatte. Das geistliche Zentrum bildete die Potsdamer Hof- und Garnisonkirche an der Breiten Straße. Das barocke Bauwerk von Philipp Gerlach (1679–1748), bedeutendster Sakralbau des preußischen Barock, erlebte seit 1818 immer wieder Veränderungen. 1886 berichtete die Kreisbauinspektion an die königliche Regierung, dass das das Innere der Kirche sowie die ganze Ausstattung derart primitiv sei, dass es in keiner Beziehung den künstlerischen Anforderungen entspreche, die man an einen solchen Raum stelle. Die Sitzbänke empfand man als zu spartanisch, den Innenraum als wenig feierlich. Kronprinz Friedrich (III.) hielt 1887 selbst die Quantität der Sitzplätze für ungenügend, dabei war das Gotteshaus an normalen Sonntagen gerade zu einem Viertel gefüllt. Wilhelm II. griff 1898 in die Gestaltung ein, etwa durch die Präsentationen der Truppenfahnen in 16 Körben entlang der Pfeiler. Das schmiedeeiserne Eingangsgitter von 1906 freilich, das sich an den wilhelminischen Parktoren von Sanssouci orientierte, hatte auch pragmatische Gründe, da der Vorraum von abendlichen und nächtlichen Passanten oftmals in grober Weise verunreinigt wurde!

Kaiser Wilhelm II. und das Erste Garderegiment zu Fuß. Gemälde von Carl Röchling (1855–1920), 1894. Das Regiment gehörte zur 1. Garde-Division, die sich zwischen 1837 und 1864 gleichfalls in Potsdam befand. Sie war Teil des Gardekorps. Röchling widmete sich vorwiegend militärischen und militärhistorischen Themen.

Nur mehr Kulisse der kaiserlichen Truppenparaden war das Stadtschloss. Hoffotograf Ernst Eichgrün, einer der bedeutendsten Potsdamer Fotografen Ende des 19./Anfang des 20. Jahrhunderts, schuf zahlreiche (Presse-)Fotos der kaiserlichen Familie – hier inmitten einer Parade des Lehr-Infanterie Bataillons im Lustgarten.

Die Kommandantur (Foto um 1900) befand sich seit 1816 in der Schlossstraße 7 / Ecke Hohe-Weg-Straße in unmittelbarer Nähe des Stadtschlosses. Das markante Gebäude – der ehemalige Plöger'sche Gasthof von 1754 – wurde nach seiner teilweisen Zerstörung im Zweiten Weltkrieg 1958 abgebrochen.

Blick zum Kanzelaltar der Garnisonkirche, um 1900. Anlässlich des 175. Kirchenjubiläums hatte Kaiser Wilhelm II. 1910 einen neuen marmornen Altartisch nach Entwürfen von Friedrich Laske (1854–1924) gestiftet.

Illustrirte Welt

48. Jahrgang. Deutsches 12. Heft. Familienbuch. Stuttgart und Leipzig.

Herzensprüfungen.

Roman von Alexander Römer.

(Fortsetzung.)

In dem hohen, weitläufigen Raum, in dem das Archiv sich befand, das durch schwere Eisenthüren mit doppelten Schlössern vor jedem unberufenen Eingriff verwahrt wurde, saß Herr Matosch, und neben ihm Herr Egon Hellwald. Die hohen Regale waren von oben bis unten mit Aktenbündeln gefüllt. Hier wurden alle Pläne und Entwürfe, alle Lieferungsverträge, Kontrakte, Zeichnungen, Quittungen und Rechenschaftsberichte verwahrt. Es war ein Heiligtum, das nur wenige betreten durften, und das seinen eignen Vorstand und verantwortlichen Aufseher erforderte.

Herr Matosch arbeitete hier häufig und empfing hier seine Intimsten. Heut saß er gebückt, mit seiner meist etwas griesgrämlichen, undurchdringlichen Miene, über einen umfangreichen Aktenfascikel, blätterte, notierte, während Herr Egon Hellwald lebhaft und eindringlich auf ihn einsprach. Jetzt blickte er mit seinen scharfen, klugen Augen auf und den eleganten Sprecher an, dessen Erscheinung einen auffallenden Kontrast zu der seinen bildete. Seine festgeschlossene Hand legte sich schwer auf die eichene Tischplatte. „Den Kontrakt schließen wir nicht ab,“ sagte er lakonisch.

„Aber — Herr Matosch.“ — Herr Egon fuhr in höchster Verwunderung zurück. Es war alles klipp und klar nach seiner Meinung, er hatte in New York, in London die Einleitungen gemacht, sein Wort so gut wie verpfändet, die Vorteile lagen auf der Hand, da gab es gar keinen Zweifel mehr.

Von der Rekrutenvereidigung in Potsdam: Ankunft des Kaisers an der Garnisonkirche.

Die „Illustrirte Welt“ präsentierte im Jahre 1900 ihren Leserinnen und Lesern gleich auf der Titelseite des zwölften Heftes das Foto von einer Rekrutenvereidigung vor dem Portal des Langen Stalls neben der Garnisonkirche. Im Mittelpunkt stand Kaiser Wilhelm II., der gerade eintraf!

Zwischen 1890 und 1894 entstand auf einer 4,86 Hektar großen Fläche östlich des Ruinenberges (Pappelallee) und dem heutigen Voltaireweg das gemeinsame Garnisonslazarett sämtlicher Potsdamer Truppenteile. Von den rund 15 Gebäuden zeigt die Ansicht aus der Zeit um 1900 Wirtschafts- und Verwaltungsgebäude.

„Prinz Eitel Friedrich reitet an der Spitze der Leibkompagnie des Ersten Garderegiments zu Fuß in seine Potsdamer Garnison ein“, berichtete die „Sonntags-Zeitung fürs Deutsche Haus“ in Heft 34 des Jahrgangs 1907/08 ihren Leserinnen und Lesern.

Blick von der Breiten Straße in Richtung Lindenstraße zum Großen Militärwaisenhaus, um 1910. Die Einrichtung unterstand von 1808 bis 1918 dem Kriegsministerium. Im Hause untergebracht waren Soldatenkinder und Militärwaisen, die hier erzogen und ausgebildet wurden.

Kaserne der Leib-Garde-Husaren an der Neuen Königstraße, um 1912. Das Potsdamer Leibgarde-Husaren-Regiment war das Wachbataillon des Kaisers. 1823 war es von Berlin nach Potsdam verlegt worden.

Kaserne des I. Garde-Ulanen-Regiments, um 1910. Die Kaserne befand sich in einem großen Komplex an der Jägerallee. Im Krieg 1870/71 kämpfte das Regiment bei Sedan und der Belagerung von Paris.

Königliche Unteroffiziersschule in der Jägerallee, um 1900. Der Kernbau an der Jägerallee stammte noch von Karl Friedrich Schinkel (1826/28).

Blick zur neuen Kriegsschule auf dem Brauhausberg im Jahr ihrer Fertigstellung 1902. Die Vorgaben stammten von Kaiser Wilhelm II. Der ausgedehnte Komplex diente der Ausbildung von Offizieren der gesamten Armee des deutschen Kaiserreichs bis in den Ersten Weltkrieg.

Neue Infrastruktur und Wohlfahrtspflege

Der Einzug der Moderne ist im Potsdam der Kaiserzeit vor allem mit einem Namen verbunden: Reinhold Boie (1831–1907), der 1877 als zweiter Bürgermeister nach Potsdam zog und ein Jahr später Nachfolger dem verstorbenen Alexander Beyer als Oberbürgermeister nachfolgte. 20 Jahre bestimmte er maßgeblich die Geschicke der Stadt. Noch vor Beginn seiner Amtszeit war 1875/76 in der Bertinistraße von einer englischen Aktiengesellschaft das erste Potsdamer Wasserwerk errichtet worden. 1890 erwarben es die Stadtväter. 1879/80 folgte die Erschließung der Innenstadt durch die neu gegründete „Potsdamer-Pferde-Eisenbahn“, die 1888 erstmals auch neue Lange Brücke in Richtung des Bahnhofs Potsdam-Stadt überquerte. Die anfänglich von der Berliner Firma Raymer und Masch betriebene Pferdebahn wurde 1903 von der Stadt erworben und als „Städtische Straßenbahn Potsdam“ weitergeführt. Zu Boies infrastruktureller Entwicklungspolitik gehörten zudem der Bau des städtischen Schlachthauses in der Leipziger Straße 1894 und die Vollendung der Entwässerung mit dem Bau des Klärwerkes im Jahr 1895. Mitten in seiner Amtszeit trat er 1897 zurück. Die Stadtväter trugen ihm in der Folge aufgrund seiner zahlreichen Verdienste die Ehrenbürgerwürde an. Am 17. Mai 1907 starb er in Potsdam.

Zu Boies Verdiensten gehörte auch die Umsetzung der Bismarck'schen Sozialpolitik, unter anderem durch den Bau neuer und die Erweiterung bestehender Wohlfahrtseinrichtungen. Bereits 1782 war das St. Josephs-Krankenhaus mit zunächst 25 Betten an der Allee nach Sanssouci entstanden, das unter Boie einen Erweiterungsbau erhielt. 1874 richtete der Oberlinverein in Nowawes ein Seminar zur Ausbildung von Kinderschwestern und Kleinkinderlehrerinnen ein, aus dem 1879 das Oberlinhaus der Diakonissen hervorging. 1881 eröffnete man dort die erste Poliklinik und 1890 das erste Krankenhaus mit 45 Betten. Die Pflege Schwerstbehinderter wie Taubblinder und geistig und körperlich Behinderter stand im Mittelpunkt der Arbeit. 1874 stifteten der Potsdamer Schuhmachermeister Brandt und seine Ehefrau ihr Wohnhaus in der Französischen Straße 19 für ein Mädchenwaisenhaus und im Folgejahr die Übergabe des Königin Elisabeth-Hauses für die Kleinkinderfürsorge mit Kindergarten und zeitweiligem Hort. Zu den weiteren Gesundheitseinrichtungen gehörten die 1883 an der damaligen Saarmunder Straße (Heinrich-Mann-Allee) eröffnete Heil- und Pflegeanstalt für Epileptische und 1890 das Auguste-Victoria-Krankenhaus in der Türkstraße als so genanntes „Klassenkrankenhaus“ neben dem Städtischen Krankenhaus.

1910 beschlossen der Magistrat und die Luftschiffbau-Zeppelin AG Friedrichshafen den Bau eines 25 Hektar großen Luftschiffhafens am Templiner See, dessen Landeplatz 1911 eingeweiht wurde und 1912 die seinerzeit größte Luftschiffhalle erhielt. 1914 erweiterte man den Fahrgastbetrieb um eine Werft für Kriegsluftschiffe. Kurz vor Ausbruch des Ersten Weltkrieges wurde 1913 noch das Werner-Alfred-Bad an der Kaiser-Wilhelm-Straße (Hegelallee) eröffnet. Das populäre Volksbad verdankte dem 1911 tödlich verunglückten Siemens-Enkel Werner Alfred Pietschker (1887–1911) seine Existenz, da aus seinem Erbe das Bad finanziert wurde.

Höfische Infrastruktur im englischen Landhausstil: Der Kaiserbahnhof Potsdam-Wildpark, 1921. Bis zuletzt nutzte Kaiser Wilhelm II. den Zug zwischen Berlin und Potsdam. Die 1909 fertiggestellte Hofstation bildete den kürzesten Weg zum Neuen Palais. Letztmalig wurde die Station 1921 bei der Beisetzung von Kaiserin Auguste Victoria genutzt.

(Haupt-)Bahnhof Potsdam, um 1900. Wie in Wildpark befand sich auch hier ein spezielles Kaiserzimmer, das bei Aufenthalten im nahen Stadtschloss benutzt wurde.

Blick vom Brauhausberg auf Potsdam, um 1900. Im Vordergrund fällt der Blick auf das 1894 eingeweihte städtische Schlachthaus an der Leipziger Straße und den Ringlokschuppen des Bahnhofes.

Lebendige Szenerie am Wilhelmplatz, um 1910. Drei Jahre zuvor hatte der später in „Unehren" entlassene Oberbürgermeister Kurz Vosberg (1863–1940) am 2. September 1907 den elektrischen Straßenbahnbetrieb in der Stadt mit zunächst 22 Triebwagen aus der Linder'schen Fabrik in Ammendorf eingeweiht. Im Hintergrund das Oberpostdirektionsgebäude.

Blick vom Babelsberger Park auf Karl Friedrich Schinkels (1781–1841) steinerne Glienicker Brücke von 1831, Chromlithografie, um 1890.

Mit der Eröffnung des Teltowkanals 1906 und dem Beginn des motorisierten Verkehrs wurde der Neubau der heutigen Glienicker Brücke dringend nötig. Ansicht um 1910.

Das Foto von 1906 zeigt die heute nahezu verschwundene Enver-Pascha-Brücke, die den Teltowkanal zwischen Neubabelsberg und Klein Glienicke überspannte. Die 30 Meter lange und zehn Meter breite Brücke wurde 1901 eingeweiht. Ihren Namen erhielt sie nach Enver Pascha (1881–1922), einem osmanischen Militärattaché, der 1909 in Klein Glienicke lebte.

Auf Initiative des Teltower Landrates Ernst von Stubenrauch (1853–1909) entstand von 1899 bis 1906 der Teltow-Kanal. Die Fußgängerbrücke der Parkbrücke (Foto von 1906) erhielt Kaiser Wilhelm II. nach ihrer Fertigstellung 1902 als Geschenk für Gebietsabtretungen im Zusammenhang mit dem Bau des Teltowkanals.

Nur wenige Motive lassen sich so genau datieren wie die Vorderansicht des katholischen St.-Joseph-Krankenhauses von 1908. Es wurde 1862 an der Allee nach Sanssouci gegründet.

Blick auf die Gebäude der Hoffbauer-Stiftung zu Hermannswerder bei Potsdam, um 1912. Die Stiftung wurde 1901 von Clara Hoffbauer auf der Halbinsel Tornow errichtet. Die Einrichtung der Diakonie umfasste neben der 1911 eingeweihten Kirche das Diakonissen-Mutterhaus, Waisen- und Krankenhäuser und das 1908 gegründete heutige Evangelische Gymnasium Hermannswerder.

Handel und Gewerbe

Rund 30 Prozent der Potsdamer Bevölkerung wirkten zwischen 1871 und 1914 in der heimischen Industrie, während sich ein Viertel in Dienst- und Gewerbeleistungen für den Kaiserhof verdingte. Jeder zehnte Einwohner gehörte zudem zum Militär und rund ein Fünftel verbrachte in der Stadt oder ihren neuen Vollengebieten seine freie Zeit als Rentier oder Pensionär. Die Stadt der Kaiserzeit bot je nach Geldbeutel alle nur erdenklichen Annehmlichkeiten und Bequemlichkeiten, neben Waren des täglichen Bedarfs auch Luxusartikel und eine Armada an Dienstleistern für Haus und Garten, dazu seit Oberbürgermeister Boies innovativer Politik Gesundheits- und Kureinrichtungen, Ärzte und Pfleger, und – nicht zu vergessen – eine große Anzahl von Banken und Kreditinstituten. Wer sein Geschäft gar mit Wappen und Krone schmücken konnte und sich unter den zahllosen Hoflieferanten befand, konnte auf eine zahlungskräftige Kundschaft vertrauen. Die Verleihungsgebühr war nicht unerheblich und belief sich auf 200 bis 300 Mark, der Zeit entsprechend ein kleines Vermögen. Natürliche Voraussetzungen eines entsprechenden Gesuchs an das Oberkämmereiamt waren tadellose Familien-, Vermögens- und Leumundsverhältnisse. 1869 lag die Zahl noch bei 14 Hoflieferanten, nach der Proklamation Wilhelms I. 1871 stieg sie rapide an.

Noch herrschte auf dem Alten Markt reges Markttreiben, boten die „Fischweiber" entlang des Stadtkanals zwischen Nauener- und Kaiserbrücke ihre Ware in großen Bottichen an, während sich hinter mancher prunkvollen Hausfassade in der Nachbarschaft ein leckerer und oftmals edler Tropfen verbarg, wie in der Weingroßhandlung Zaelke und Semler Am Kanal 20 (heute 2). Wollte man Wein in origineller Kulisse genießen, konnte man sich, mit gut gefülltem Portemonnaie bei Rudolf Bemmann im „Klosterkeller" in der Nauener Straße 11/12 niederlassen. Die Form der ach so modernen Eventgastronomie beherrschte schon die Generation der Urgroßeltern! Die Kulisse, in der neben Wein auch Austern und Kaviar angeboten wurde, hatte ihren Preis. Für die Arbeiter und Angestellten des 1899 eröffneten Drewitzer Zweigwerkes von Orenstein & Koppel waren solche Angebote Lichtjahre entfernt. Bis in die DDR-Zeit hinein wurden hier Lokomotiven gebaut. Das Werk befand sich allerdings auf Neuendorfer Gemarkung. Bereits 1861 hatte die Stadtverwaltung von Nowawes einen alten Beschluss aufgehoben, der Gebäude verbot, die höher als zwei Stockwerke waren. Zwei Jahre später folgte der erste Industriebetrieb einer Baumwollspinnerei, der zahlreiche ähnliche Betriebe folgten. So beschäftigte die Neuendorfer Aktienspinnerei in den 1890er-Jahren rund 500, die Adolf Pitsch KG 8000 Arbeitnehmer für die Produktion von Damenkonfektionsstoffen, Trikotagen und Plüschen. 1907 vereinigten sich Neuendorf und Nowawes zur Gemeinde Nowawes. Die Fernbahnstrecke Berlin-Potsdam-Magdeburg bildete für den Absatz der Produkte ein wesentliches Rückgrat. Die am 18. Dezember 1917 gegründete Universum Film AG – kurz UFA – entwickelte sich erst in der Weimarer Republik zu einem wichtigen Arbeitgeber. Die wirtschaftliche Entwicklung vollzog sich seinerzeit noch vor den Toren Potsdams, denn Nowawes-Babelsberg wurde erst 1939 nach Potsdam eingemeindet.

Unweit pries der königliche Hofbäcker Rudolf Gericke seine zahlreichen Produkte an. Er gehörte zu den wenigen Hoflieferanten, die bereits Friedrich den Großen beliefert hatten – ein Traditionsbetrieb seit 1729.

Berlin 1908
Potsdam 1903
Prämiiert mit höchsten Auszeichnungen

Berlin 1908
Potsdam 1903
Goldene Medaille und Ehrenpreis

Ernst Rabien Hof-Konditorei

Gegründet 1878 **(vormals P. Kessner)** Telephon 626

Potsdam, Nauener Str. 57 (Eckhaus am Tore)

Täglich größte Auswahl in

Torten, Petit fours, Baumkuchen,
einfachem u. allerfeinstem **Tee- und Kaffeekuchen**

Spezialität:
Kleine u. große **Fleisch-Pasteten, Krebs-Pasteten**
Ragout fin-Pasteten, Geflügel-Pasteten

Eis in Kegeln, Bomben oder Figuren
sowie **gestürzte Crêmes u. Süßspeisen** sind stets fertig angerichtet zur Ansicht. **Waffelaufsätze, Eisgebäck, Käsegebäck.** Große Auswahl in **Bonbonnieren, Pralinés, Kakao, Schokolade, Marzipan und Nougat.**
Prompte Ausführung aller Bestellungen von od. nach ausserhalb.

Noch immer kann man im heutigen „Café Heider“ am Nauener Tor Rabien’sche Konditoreispezialitäten verspeisen, auch wenn der Traditionsbetrieb heute in Berlin-Steglitz wirkt. 1878 wurde die (Hof-)Konditorei in Potsdam gegründet. 1932 zog sie vom Nauener ans Brandenburger Tor.

Weingroßhandlung Zaelke und Semler Am Kanal 20 (heute 2), um 1910.

Blick in den Hof der Weingroßhandlung Zaelke und Semler. Hier fand sich unter dem Soldatenkönig Friedrich Wilhelm I. das Quartier des Oberküchenmeisters von Holwede. Seine Witwe verkaufte 1739 den Besitz weiter.

Blick in die Brandenburger Straße, um 1910. Sie wandelte sich im Kaiserreich zur Hauptgeschäftsstraße Potsdams. 1878 öffnete hier das Kaufhaus Lindemann & Co, ein Jahr später das Kaufhaus Hirsch seine Pforten.

Unter den zahlreichen Kreditinstituten hatte die Potsdamer Credit-Bank in der Charlottenstraße 45–47 ihren Sitz, um 1910.

Rudolf Bemmann warb mit seinem „Klosterkeller“ im „vornehmen Klosterstil“ als „Sehenswürdigkeit der Residenz Potsdam“ (Führer durch Potsdam), um 1910.

Die Fassade des sogenannten Säulenhauses in der Nauener Straße 26/27 (heute: Friedrich-Ebert-Straße) fiel 1958 in Schutt und Asche, nachdem es 1945 zerstört worden war. Es hatte zuletzt – wie bereits 1910 – teilweise als Bankgebäude der Dresdner Bank gedient. Vorbild war das 145 errichtete Hadrianeum in Rom, dessen Reste 1878 in die Börse und Handelskammer integriert wurden, darunter die charakteristischen korinthischen Säulen.

Werbeanzeige der Potsdamer Motorbootwerke Hoffmann & Co., die unter anderem auch das kaiserliche Motorboot der nahen Matrosenstation Kongsnaes bauten.

Kaiserliche Miniaturfregatte „Royal Louise“ vor der Matrosenstation Kongsnaes, Chromlithografie, um 1890.

Die Schlösser und ihre Bewohner

Unter dem 99-Tage-Kaiser Friedrich III., der mit Kehlkopfkrebs todkrank sein Amt antrat, avancierte Potsdam kurzzeitig noch einmal zur Residenzstadt und das Neue Palais – nunmehr Schloss Friedrichskron – zum Residenzschloss. Bereits als Kronprinzenpaar hatten Friedrich (Wilhelm) und Victoria, die älteste Tochter der englischen Queen Victoria, das einstige Gästeschloss Friedrichs des Großen vom Frühling bis zum Herbst als Sommersitz genutzt. Beide lebten im Unteren und Oberen Fürstenquartier und gingen mit dem überkommenen friderizianischen Bestand sehr sorgsam um. Gleichwohl hielt unter „Vicky“ die Moderne mit Wasserleitungen, Bädern und Wasserklosetts Einzug ins Schloss. Ab 1880 folgte der Einbau einer Warmwasserheizung. Nach dem Tod Friedrichs III. am 15. Juni 1888 musste Victoria noch im September desselben Jahres ihre Wohnung räumen.

Bereits im Frühjahr 1889 zog ihr Sohn, nunmehr Kaiser Wilhelm II., an den Ort der Kindheit. Wie zuvor die Eltern bewohnte nun Wilhelm mit seiner Familie das Schloss, und zwar den gesamten nördlichen Teil. Die Räume Friedrichs II. wurden als Chinesisches Zimmer (Fleischfarbene Kammer) oder Toilettenzimmer der Kaiserin (Schreibkabinett) genutzt. Wie Friedrich II., der Große, versuchte Wilhelm II. das Baugeschehen in Potsdam zu beeinflussen. Der Neobarock wurde dabei stilbestimmend, es sei denn, es ging um private Extravaganzen wie die vom Drachenstil beeinflusste Matrosenstation Kongsnaes.

In einer zweiten Umbauphase des Neuen Palais' um 1900 ließ er die Kronleuchter elektrifizieren, Steckdosen und Dienerklingeln einbauen, wobei man die Wohnung Friedrichs II. wohl aus Pietätsgründen aussparte. Weitere Badekabinette und Toiletten, teils in den einstigen Puderkammern, folgten. In der Wohnung des Prinzen von Preußen verbarg man die Badewanne in einem tiefen Barockschrank! Wilhelm ließ auch die Heizung modernisieren. Ihr Verbrauch war enorm: täglich 30 Zentner Steinkohle bei einer Außentemperatur von null Grad Celsius. Das nördliche Treppenhaus wurde zur Kaiserstiege, die 1903 einen hydraulischen Aufzug mit getäfelter Fahrkabine erhielt. Der jährliche Umzug nach Potsdam begann mit viel Tamtam zu Johanni in Berlin und endete erst nach dem Weihnachtsfest im festlich illuminierten Grottensaal. Trotz der Autobegeisterung des Kaisers blieb die Eisenbahn das wichtigste Transportmittel. Die kaiserliche Hofstation – heute Bahnhof Wildpark – war mit dem zuletzt von Hofarchitekt Ernst Eberhard von Ihne (1848–1917) bis 1906 errichten Bau die kürzeste Verbindung zum Neuen Palais. Eine eigens errichtete Auffahrtsrampe an der Gartenseite des Neuen Palais' sorgte auch bei Empfängen für den festlichen Rahmen. Vieles – wie der Privatgarten der Kaiserin, die kaiserliche Matrosenstation Kongsnaes – ist heute wieder verschwunden, anderes wie die wuchtigen schmiedeeisernen Portale im Park von Sanssouci ist in den Hintergrund getreten. Eine ganz eigene Bedeutung erhielt der Sitz der kronprinzlichen Familie im 1913 bis 1917 entstandenen Schloss Cecilienhof. Er steht heute vor allem für die Potsdamer Konferenz der Siegermächte des Zweiten Weltkrieges.

Das Obeliskportal noch ohne die allzu barocken Schnörkel Wilhelms II., um 1885.

Prunkvoller als zu Zeiten Friedrichs des Großen sollte der Zutritt zum Park von Sanssouci durch das Knobelsdorff'sche Obeliskportal sein: Es folgte stilistisch den Toren am Nord- und Süd-Ende der Avenue beim Neuen Palais, die 1893 auf der Weltausstellung in Chicago gezeigt worden waren.

Becken der Großen Fontäne vor den Terrassen von Sanssouci. Bis 1927 blieb die Nord-Süd-Achse als Blickachse des Schlosses durch zwei zusätzliche Marmorbänke versperrt, Chromlithografie, um 1890.

Mit blumengeschmückten Beeten und Rasenstücken präsentierte sich die oberste Terrasse vor dem Schloss, um 1900. Bis 1873 hatte Königin Elisabeth, Ehefrau Friedrich Wilhelms IV., in Sanssouci gelebt, dann wurde es Museum.

Zwischen den beiden Knobelsdorff'schen Gärtnerhäusern in Achse zum Schloss Sanssouci (Mittlerer Lustgartenbezirk) befand sich etwa zwischen 1856 und 1927 die gusseiserne Vase von Friedrich Drake. Foto um 1890.

Zu den beliebten Ausflugszielen im Park Sanssouci gehörte die historische Windmühle, Chromlithografie, um 1890.

Blick ins einstige Schlafzimmer Friedrichs des Großen, um 1900.

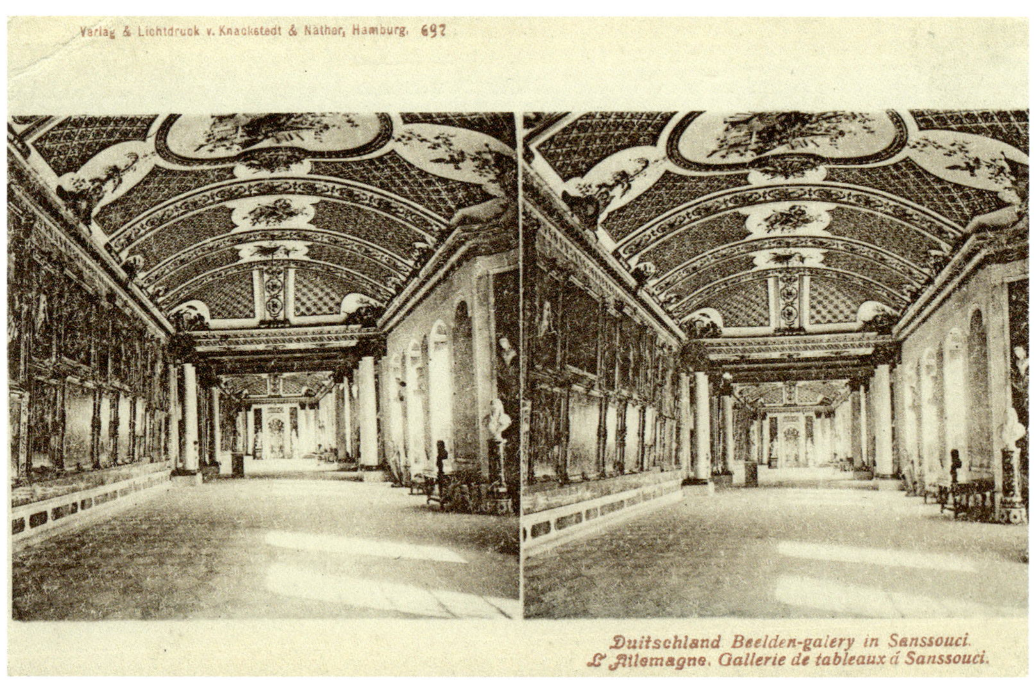

Blick in die Bildergalerie, Stereofoto um 1880.

Große Orangerie mit erbeuteten astronomischen Instrumenten des Pekinger Observatoriums. Sie befanden sich von 1901 bis 1920 in Potsdam und wurden erst aufgrund des Versailler Vertrages an China zurückgegeben, um 1910.

Blick auf die Jubiläumsterrasse der Großen Orangerie. Sie entstand 1913 anlässlich des 25. Regierungsjubiläums Kaiser Wilhelms II., um 1914.

Der Bogenschütze von Ernst Moritz Geyger wurde 1902 im Zentrum des Sizilianischen Gartens aufgestellt. Der Parkteil, hier in einer Ansicht um 1910, lag ehedem viel versteckter und wurde erst 1914 an den südlichen Heckenweg angeschlossen.

Zwischen 1888 und 1890 errichtete Julius Raschdorff (1823–1914) im Atrium der Friedenskirche das Mausoleum für Kaiser Friedrich III. Es orientierte sich an der Grabkapelle San Candido in Südtirol, um 1910.

Die Liegefigur Friedrichs III. entstand nach Entwürfen Raschdorffs durch Reinhold Begas aus carrarischem und pentelischem Marmor. 1901 wurde hier auch Friedrichs Ehefrau Kaiserin Victoria beigesetzt. Chromlithografie um 1890.

Die Karte trägt den Poststempel vom 12. Januar 1901 und zeigt in einer schönen Lithografie die „Sommer-Residenz S.M. des Kaisers". Neben wenigen Ausflüglern wacht ein einsamer Posten am Tor zum Neuen Palais.

Mit der Beisetzung von Kaiserin Auguste Victoria († 11.4.1921) im Antikentempel kehrte am 19. April 1921 das alte Preußen kurzfristig nach Sanssouci zurück. Der im niederländischen Exil in Doorn lebende Kaiser Wilhelm II. indes durfte nicht teilnehmen.

Gartenterrasse am Neuen Palais mit den Kandelabern der nach 1890 installierten Gasbeleuchtung, um 1900.

Die Fleischfarbene Kammer, das einstige Vorzimmer der Wohnung Friedrichs II. im Erdgeschoss des Neuen Palais', wurde unter Wilhelm II. als Chinesisches Zimmer genutzt, um 1910.

Von 1881 bis 1888 diente das Marmorpalais am Heiligen See der Familie des Kronprinzen Wilhelm (II.) als Wohnsitz. Auch hier ließ Wilhelm technische und sanitäre Einrichtungen modernisieren, um 1890.

Die Matrosenstation der Königshalbinsel Kongsnaes am Ufer des Jungfernsees geht bereits auf König Friedrich Wilhelm IV. zurück. Zwischen 1891 und 1895 ließ Kaiser Wilhelm II. Neubauten im „nordischen Stil“, darunter die Empfangshalle – „Vente-Halle“ (1892; Ansicht um 1910) – von Holm Munthe (1848–1898) aus Oslo errichten.

Schloss Babelsberg, Chromlithografie um 1890. 1878 unterschrieb Friedrich Wilhelm, der nachmalige Friedrich III., in Babelsberg das „Sozialistengesetz“ in Vertretung seines durch ein Attentat verletzten Vaters Kaiser Wilhelm I.